Ernst Probst

Mary Pickford - "Amerikas Sweetheart"

Ernst Probst

Mary Pickford - "Amerikas Sweetheart"

GRIN Verlag

Bibliografische Information der Deutschen Nationalbibliothek: Die Deutsche Bibliothek verzeichnet diese Publikation in der Deutschen Nationalbibliografie; detaillierte bibliografische Daten sind im Internet über http://dnb.d-nb.de/ abrufbar.

1. Auflage 2010
Copyright © 2010 GRIN Verlag GmbH
http://www.grin.com
Druck und Bindung: Books on Demand GmbH, Norderstedt Germany
ISBN 978-3-656-23443-2

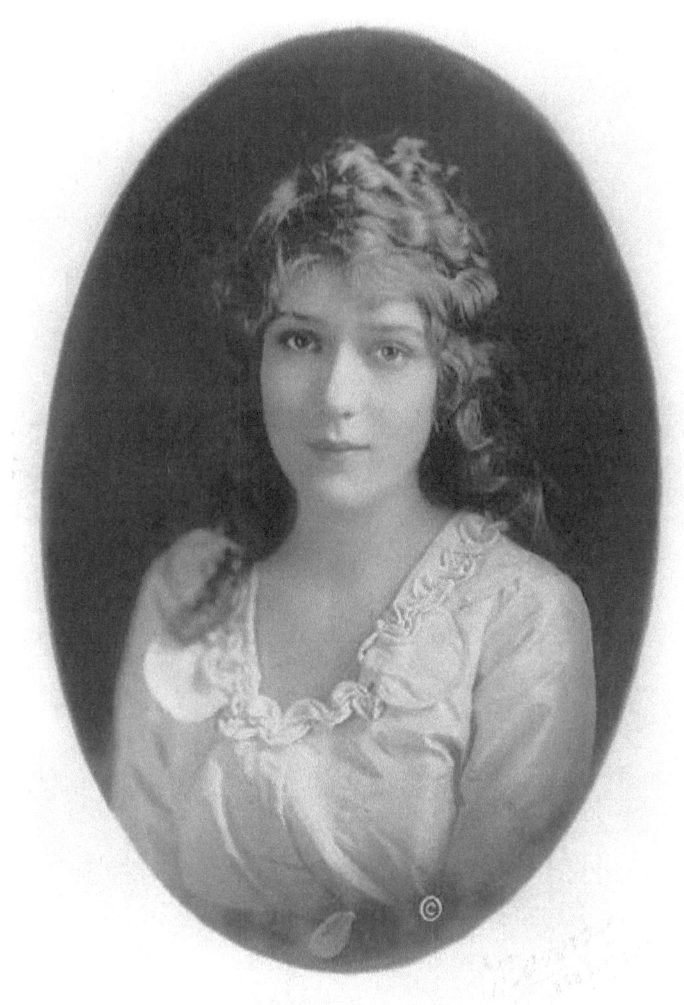

Mary Pickford (1892–1979)

Ernst Probst

Mary Pickford

„Amerikas Sweetheart“

Beate Werner,
Bernd Werner,
Marianne Werner,
Otto Werner,
Sonja Werner,
Dr. Jochen Werner,
Christine Werner und
Steffen Werner
gewidmet

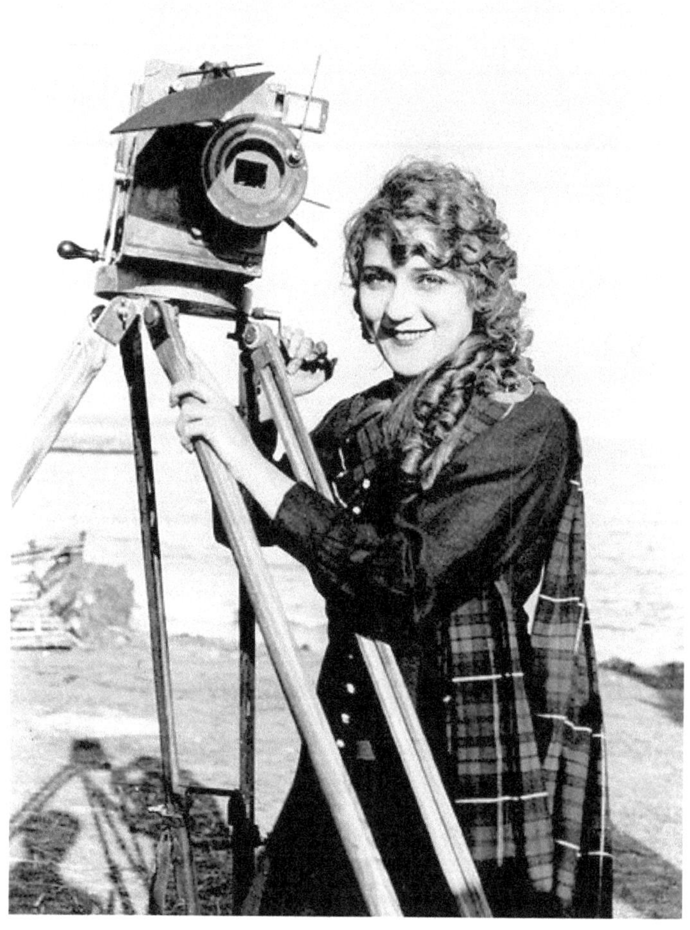

Mary Pickford

Mary Pickford

„Amerikas Sweetheart"

Zu den berühmtesten weiblichen Stummfilm-Stars gehörte die kanadische Schauspielerin Mary Pickford (1892–1979), eigentlich Gladys Mary Smith. Der blonde Lockenkopf mit dem süßen Engelsgesicht und dem bezaubernden Lächeln galt als „Königin des Stummfilms", „Sweetheart of America" („süßes Herz Amerikas") und „Engel der Nächstenliebe". Die clevere Mary spielte von 1909 bis 1955 in rund 250 Filmen mit und war eine der vier Gründer des Filmstudios „United Artists".

Gladys Mary Smith kam am Freitag, 8. April 1892, als ältestes Kind von John Charles („Jack") Smith senior (gestorben 1898) und dessen Ehefrau Elsie Charlotte Smith (1873–1928), geborene Printer, in Toronto (Kanada) zur Welt. Sie wurde im Sternkreiszeichen Widder geboren. Ihr Vater war der Sohn methodistischer britischer Einwanderer, arbeitete als Seemann und hatte eine Schwäche für Alkohol. Ihre Mutter war vor der Heirat irisch-katholisch. Später trat sie unter den Künstlernamen „Charlotte Hennessy" und „Charlotte Pickford" als Filmschauspielerin auf. Sie gebar 1893 die Tochter Charlotte (1893–1936), genannt „Chuckie" oder „Lottie", und 1896 den Sohn John Charles junior (1896–1933), genannt „Jack". Die jüngeren Geschwister von Gladys machten später ebenfalls eine Filmkarriere.

Die Ehe der Eltern wurde bereits 1895 geschieden. Drei Jahre später starb „Jack" Smith senior 1898 an einer Hirnblutung infolge seines starken Alkoholkonsums. Nach der Trennung von ihrem Ehemann und der Geburt ihres Sohnes „Jack" musste die Mutter – unterstützt von ihrer ältesten Tochter Gladys – für den Unterhalt der vierköpfigen Familie sorgen. Die Mutter verdiente Geld, indem sie Untermieter aufnahm. Gladys trug durch Auftritte im Theater zum Unterhalt bei.

Bereits im Alter von fünf Jahren wurde Gladys von der „Valentine Stock Company of Toronto" für das Stück „Bootl's Baby" engagiert. Unter dem Künstlernamen „Baby Gladys" ging sie mit verschiedenen Schauspieltruppen auf Tournee durch Kanada und die USA. Später trat sie zusammen mit ihrer Mutter Charlotte sowie ihrem Bruder „Jack" und ihrer Schwester „Lottie" mit mehreren Schauspieltruppen und Theatergesellschaften auf.

Die beiden jüngeren Geschwister „Lottie" und „Jack" hatten seit ihrer Kindheit ein sehr inniges Verhältnis zueinander. „Lottie" vergötterte ihren Bruder „Jack" regelrecht. Weil Mary als ältestes der drei Smith-Kinder gewissermaßen die Vaterrolle übernahm und dabei den jüngeren Geschwistern oft als streng erschien, war ihre Beziehung angespannt.

In ihrer Teenager-Zeit feierte die jüngere Schwester „Lottie" legendäre Partys, bei denen reichlich Drogen, Alkohol und Sex im Spiel waren und die bis zum Morgen dauerten. Wenn die ältere Schwester Mary überraschend nach Hause kam, hüpften „Lottie" und ihre Freunde rasch in ihre Schlüpfer.

Schon als 14-Jährige überredete Gladys, die damals weiche, goldene Locken hatte, in New York City den erfolgreichen Theaterproduzenten David Belasco (1853–1931) dazu, ihr eine Hauptrolle zu geben: 1907 stand Gladys in dem Stück „The Warrens of Virginia" erstmals auf einer Bühne am Broadway in New York City. Weil ihr richtiger Name Gladys Smith etwas bieder klang, prägte Belasco für sie das Pseudonym „Mary Pickford", das sie fortan trug. Auch die Mutter hat zeitweise den Künstlernamen „Pickford" benutzt.

1909 stellte sich Mary Pickford beim Filmstudio „Biograph Motion Picture Company" („American Mutoscope & Biograph") in Crestwood (Kentucky) vor. Bei dieser Gelegenheit brachte sie den amerikanischen Filmpionier David Wark Griffith (1875–1948) dazu, sie einzustellen. Ihr Debütfilm hieß „Pippa Passes" (1909). Dabei konnte man nur ihr Gesicht in einer Menschenmenge sehen. Anfangs arbeitete sie noch anonym als Statistin, doch allmählich entwickelte sie sich zum Star. Ihre erste Hauptrolle spielte sie in „Her First Biscuits" (1909). Bei „Biograph" verdiente sie 40 US-Dollar pro Woche.

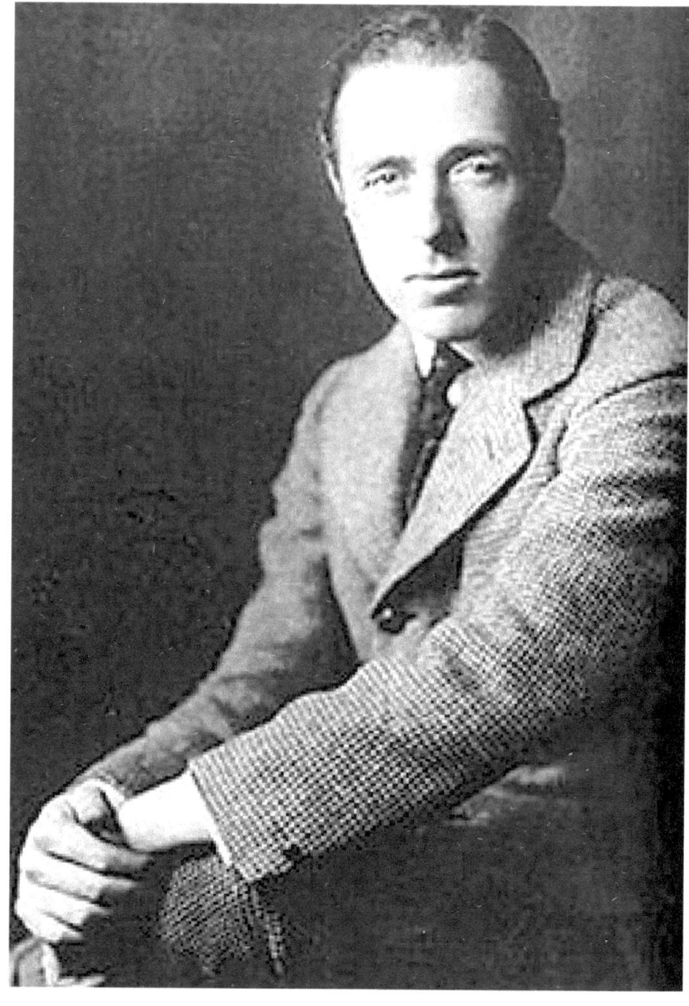

David Wark Griffith (1875–1948)

In ihrer Anfangszeit war Mary Pickford als „The Girl with the Curls" („Mädchen mit den Locken") bekannt. In der Literatur über sie findet man auch die Spitznamen „Baby Gladys", „The Girl with the Golden Hair", „The Glad Girl", „Americas Sweetheart", „The World's Sweetheart" und „Little Mary".

Als erwachsene Frau war Mary Pickford 1,54 Meter groß und somit relativ klein, aber oho. Ihre Fans mochten ihren seelenvollen Augenaufschlag, ihre engelhaften Korkenzieherlocken und ihren schmalen Körper einer Kindfrau.

Von 1909 bis 1912 wirkte Mary Pickford in mehr als 140 kurzen Filmen mit. Darunter waren Melodramen, Western und Literatur-Adaptionen. In den frühen Tagen des Films war es nicht unüblich, dass Schauspieler/innen innerhalb eines Jahres in etlichen Streifen auftraten. 1909 beispielsweise drehte Mary sage und schreibe 51 Filme, also fast jede Woche einen anderen. Unter der Regie von David Wark Griffith spielte Mary Pickford neben Owen Moore (1886–1939) eine Hauptrolle in „The Violin Maker of Cremona" („Der Geiger von Cremona", 1909). Moore wurde am 7. Januar 1911 ihr erster Ehemann. Ihren ersten Erfolg feierte sie als „Little Mary" in „The Little Teacher" (1909). Bei dem in Kentucky ansässigen Studio „Biograph Motion Picture Company" drehte Mary auch einige Filme, deren Handlung sich in diesem US-Bundesstaat abspielte. So in „In Old Kentucky" (1909), „In the

Border States" (1910) und „A Feud in the Kentucky Hills" (1912).

Auch 1910 verlief hektisch für Mary Pickford. In jenem Jahr stand sie für 49 Filme vor der Kamera. In „A Victim of Jealousy" traten Mary und ihre Mutter Charlotte Pickford gemeinsam auf. Für „A Gold Necklace" (1910) bezahlte man Mary 175 US-Dollar pro Woche. 1910 beschaffte sie ihrem Bruder „Jack" einen Vertrag beim Filmstudio „Biograph Motion Picture Company". Ihre Mutter sah man in „The Impalement" (1910).

Im Dezember 1910 verließ Mary Pickford das Filmstudio „Biograph Motion Picture Company". 1911 wechselte Mary zum Studio „Indepedent Motion Picture Company" („IMP") von Carl Laemmle (1867–1939).

1911 brachte es Mary Pickford auf 27 Filme. Für „The Courting of Mary" (1911) erhielt sie 275 US-Dollar pro Woche. Bei „Sweet Memories" (1911) wirkten Mary, ihr Bruder „Jack", ihre Schwester „Lottie" und ihre Mutter Charlotte mit. Im Oktober 1911 urteilte ein Gericht, der Vertrag mit dem Studio „IMP" sei ungültig, weil Mary zum Zeitpunkt der Unterzeichnung noch minderjährig war.

Die Mutter Charlotte Smith förderte die Filmkarriere ihrer Kinder Mary, „Lottie" und „Jack" nach Kräften und war für ihr Verhandlungsgeschick bekannt. Charlotte Smith und Margaret „Peg" Talmadge, die Mutter der Schauspielerin Norma Talmadge (1894–1957), gehörten zu den intelligentesten Frauen in Hollywood.

Im Laufe des Jahres 1912 kehrte Mary zu David Wark Griffith und „Biograph Motion Picture Company" zurück. 1912 arbeitete sie auch für das von Adolph Zukor (1873–1976) gegründete Filmstudio „The Famous Players Film Company". Zukor zahlte ihr pro Woche 500 US-Dollar.

1913 reduzierte Mary Pickford die Zahl ihrer Filme drastisch. In jenem Jahr kam sie lediglich auf vier Filme: „The Unwelcome Guest", „Fate", „In the Bishop's Carriage" und „Caprice".

Für 1914 erwähnt die Filmdatenbank „Internet Movie Database" sieben Filme von Mary Pickford. Davon war „Hearts Adrift" ein überwältigender Erfolg. Ihre Schwester „Lottie" spielte in „The House of Bondage" (1914) erstmals die Hauptrolle. Dabei verkörperte sie eine Prostituierte, befand sich damit im starkem Konrast zu „Amerikas Sweetheart" und bekam keine guten Kritiken.

Während des Ersten Weltkrieges (1914–1918) besuchte Mary Pickford im Sommer gelegentlich Verwandte in Port Dalhousie (Ontario) in Kanada. Dort half Mary ihren Vettern, die auf dem lokalen Strand einen Hotdog-Stand betrieben, beim Dienst an hungrigen Kunden.

Für „Rags" (1915) kassierte Mary Pickford 4.000 US-Dollar pro Woche. In „Fanchon, the Cricket" (1915) traten die drei Geschwister Mary, „Lottie" und „Jack" Pickford zusammen auf. Lange Zeit galt dieser Film als

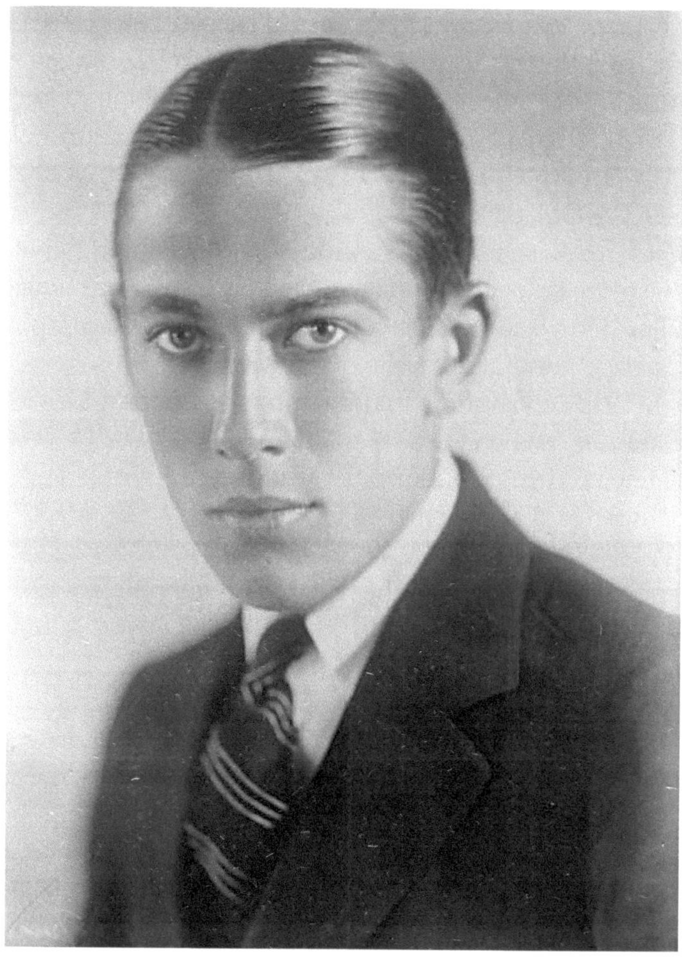

John Charles Pickford junior (1896–1933),
genannt „Jack"

verschollen, doch dann wurde er von einem Fan im „British Film Institute" wieder entdeckt.

Von den drei Pickford-Geschwistern soll „Lottie" das schwächste Talent für die Schauspielerei besessen haben. Angeblich fand Mary, dass „Lottie" nicht hübsch genug für Filme gewesen sei und sie soll ihr Bestes getan haben, um sie davon fernzuhalten. Doch dagegen spricht, dass „Lottie" in zahlreichen Filmen zu sehen war. Die Filmographie für „Lotti" Pickford in der „Wikipedia" erwähnt für 1909 bis 1925 immerhin 82 Titel von „To Save Her Soul" bis „Don Q. Son of Zorro". Darin trat sie unter verschiedenen Namen auf: Charlotte Smith, Lottie Pickford Forrest, Lottie Pickford Rupp, Lotta Rupp.

1916 wechselte Mary Pickford zu „Artcraft Pictures Corporation". Der Film „Less Than the Dust" (1916) bescherte ihr 10.000 US-Dollar pro Woche Außerdem erhielt sie damals durch die Gründung einer eigenen Produktionsgesellschaft namens „Mary Pickford Corporation" einen einmaligen Bonus von 300.000 US-Dollar und die Hälfte der Einspielergebnisse.

1917 wechselte Mary Pickford zum neugegründeten Filmstudio „First National Exhibitor's Circuit" und erhielt dort 350.000 US-Dollar pro Film sowie volle Autonomie über ihre Filme vom Drehbuch bis zum Final Cut. Ihrem Bruder „Jack" verhalf sie ebenfalls zu einem Vertrag mit diesem Studio. Der gut aussehende Jack spielte oft romantische Liebhaber und wurde zum Star.

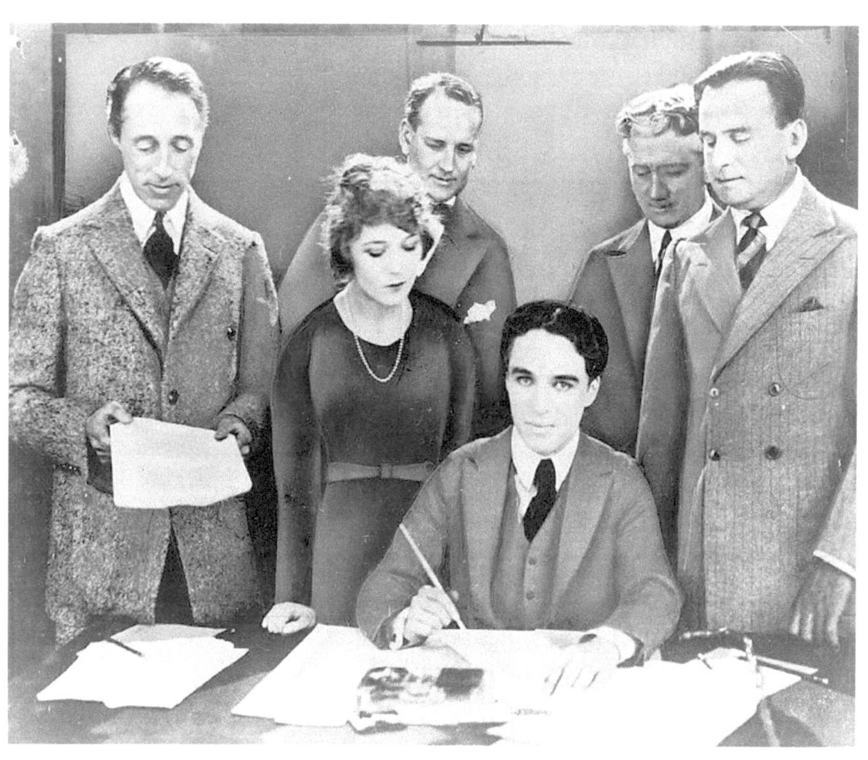

Im Vordergrund von links nach rechts: David Wark Griffith, Mary Pickford, Charlie Chaplin (sitzend) und Douglas Fairbanks senior im Jahre 1919 bei der Unterzeichnung des Vertrages für die Gründung des Filmstudios „United Artists Corporation". Im Hintergrund stehen die Anwälte Albert Banzhaf und Dennis F. O'Brien.

Insgesamt mehr als eine Million US-Dollar kassierte Mary Pickford für die Filme „Daddy long legs" („Mein lieber, süßer Onkel Langbein"), „The Hoodlum" und „Hearts o' the Hills", die alle drei 1919 in die Kinos kamen. Für jeden dieser Steifen betrug ihre Gage 350.000 US-Dollar.

In „Daddy long legs" spielt Mary Pickford das Waisenmädchen Jerusha Abbott, das bis zum 18. Lebensjahr im Waisenhaus lebt. Anschließend wird Jerusah von einem reichen Aufsichtsrat des Waisenhauses wegen ihrer literarischen Begabung auf das College geschickt. Ihr edler Gönner will unerkannt bleiben, wünscht aber, dass Jerusha jeden Monat einen Brief über ihre Fortschritte im College schreibt, ohne jemals Antwort darauf zu bekommen. Nach dem Eintritt ins College schildert Jerusha alles, was sie erlebt, dem unbekannten Aufsichtsrat. Sie nennt ihn „Daddy Langbein", weil sie von ihm nur seinen Schatten kennt, der seine Beine unverhältnismäßig lang aussehen lässt. Auf dem College lernt sie Jervis Pendleton, den Onkel einer Mitstudentin, kennen. Ihm begegnet sie, wie es scheint, zufällig immer wieder. Allmählich kommen sie einander näher. Am Ende der Collegezeit von Jerusha entpuppt „Daddy Langbein" sich als Jervis Pendleton.

Zusammen mit David Wark Griffith, Charlie Chaplin (1889–1977) und Douglas Fairbanks senior (1883–1939) gründete Mary Pickford 1919 das Filmstudio „United Artists Corporation". Sie wollten nicht länger, dass Pro-

United Artists Corporation

Company.

<u>**ORGANIZED**</u>
UNDER THE LAWS OF

<u>Delaware</u>

𝔄lphabetical 𝔏ist of 𝔖tockholders,

AT CLOSING OF BOOKS ON THE 16th DAY OF March 1920

NAME	RESIDENCE	SHARES	
		COMMON	PREFERRED
Charles Chaplin	Los Angeles Calif	1000	300
Douglas Fairbanks	Los Angeles Calif	1000	300
David W. Griffith	720 Longacre Building New York NY.	1000	300
Gladys Mary Moore	Los Angeles Calif	1000	300
William G. McAdoo	120 Broadway New York NY.	1000	
		5000	1200

Alphabetische Liste der Aktionäre des Filmstudios „United Artists Corporation" mit den Namen Charles Chaplin, Douglas Fairbanks, David W. Griffith, Gladys Mary Moore (damaliger Familienname von Mary Pickford), und William G. McAdoo vom 16. März 1920. Der Rechtsantwalt William G. McAdoo (1863–1941) war der juristische Chefberater der vier Gründer.

duzenten den Löwenanteil der von ihren Filmen einge-
spielten Gewinne einstrichen.

1920 drehte Mary Pickford zwei Filme. Sie hießen
„Pollyanna" („Sonne im Herzen") und „Suds". Davon
war „Pollyanna" ein großer Publikumserfolg.

Die erste Ehe von Mary Pickford mit Owen Moore
hielt neun Jahre. Sie endete am 2. März 1920 offiziell
mit der Scheidung.

Am 28. März 1920 schloss Mary Pickford ihre zweite
Ehe mit Douglas Fairbanks senior und unternahm eine
Hochzeitsreise nach Europa. Durch diese Ehe wurde
Mary eine Bürgerin der USA. Später erlangte sie die
kanadische Staatsbürgerschaft wieder. Als sie starb hatte
sie die Staatsbürgerschaft von Kanada und den USA.
Nach der Rückkehr von der Hochzeitsreise ließ sich
das Paar in dem Landhaus mit dem Spitznamen
„Pickfair" in Beverly Hills nieder. Während dieser Ehe
war Mary die Stiefschwiegermutter der Schauspielerin
Joan Crawford (1905–1977), die von 1929 bis 1933 mit
ihrem Stiefsohn Douglas Fairbanks junior (1909–2000)
verheiratet war.

Unerfreuliches für die Familie Pickford passierte im
September 1920 in Frankreich. Dort kam die amerikanische Filmschauspielerin Olive Thomas (1894–1920)
am 10. September 1920 im „American Hospital" in
Neuilly-sur-Seine auf tragische Weise ums Leben. Sie
war die Ehefrau von Marys Bruder „Jack" Pickford,
der die geschiedene Olive im Oktober 1916 in New

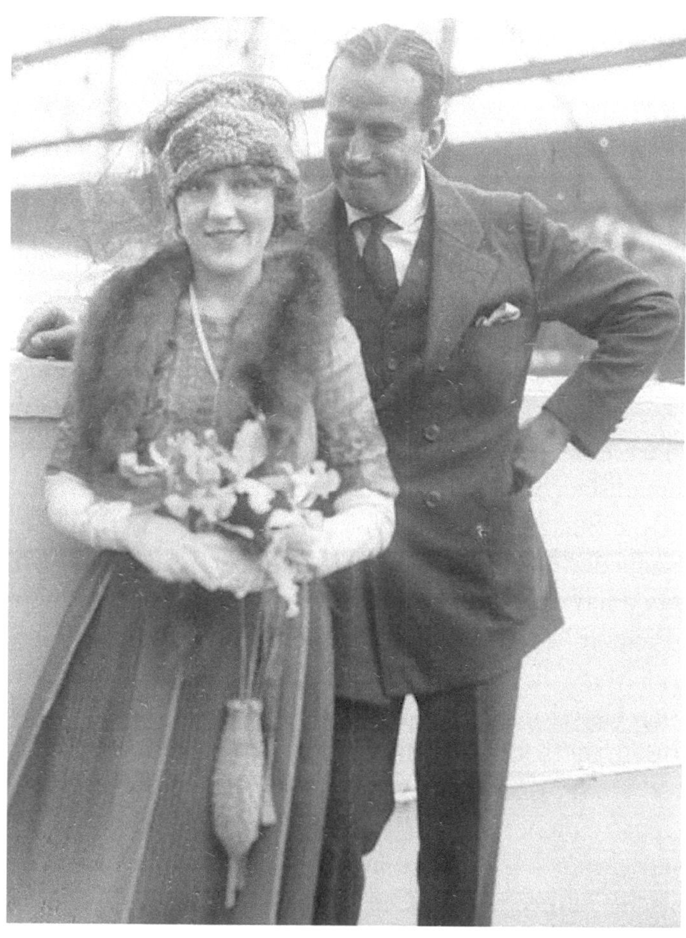

Ehepaar Mary Pickford (1892–1979)
und Douglas Fairbanks senior (1883–1939)
in den frühen 1920-er Jahren

Jersey heimlich gegen den Willen seiner Familie geheiratet hatte. Olive hatte als Modell für Maler, für die sie teilweise mehr oder minder nackt posierte, sowie als Revuetänzerin und ab 1916 als Filmschauspielerin gearbeitet. In ihrer Ehe mit „Jack" wechselten heftige Zerwürfnisse und leidenschaftliche Versöhnungen einander ab. Nach einem durchzechten und durchtanzten Abend in Paris schluckte Olive Thomas im Pariser „Hotel Ritz" in der Nacht vom 5. zum 6. September 1920 gegen drei Uhr morgens – vermutlich betrunken – irrtümlich statt eines Schlafmittels eine giftige Lösung. Dabei handelte es sich um Quecksilber(II)-chlorid, mit dem „Jack" seit Jahren seine Syphillis behandelte. Offiziell behauptete „Jack" aber, seine Gattin hätte versehentlich ein Toilettenreinigungsmittel getrunken. „Jack" holte Hilfe und man brachte Olive ins Hospital, wo sie am 10. September 1920 im Alter von 25 Jahren ihrer Vergiftung erlag. Über den Tod von Olive kursierten allerlei Gerüchte. Man behauptete, Olive habe wegen ihrer gescheiterten Ehe Selbstmord begangen oder Jack habe seine Gattin gezwungen, die giftige Lösung zu trinken. Olive wurde auf dem Friedhof „Woodlawn Cemetery" in der Bronx (New York City) bestattet.
Auch in den 1920-er und 1930-er Jahren spielte Mary Pickford noch Kinder- bzw. Kleinmädchen-Rollen wie „Little Lord Fauntleroy" („Der kleine Lord", 1921) und „Little Annie Rooney" („Die kleine Annemarie", 1925).

In „Little Lord Fauntleroy" mimte sie sowohl den kleinen Lord als auch dessen Mutter. Mehr als 16 Stunden lang arbeiteten Mary Pickford und der Kameramann Charles Rosher (1885–1974) an einer Einstellung, die im Film nur einige Sekunden dauerte. Sie zeigte den kleinen Lord bei einer Umarmung seiner Mutter. Bei „Little Lord Fauntleroy" und „Through the Back Door" (1921) wurde „Jack" Pickford der Status eines Co-Regisseurs eingeräumt.

Irgendwann war Mary Pickford damit unzufrieden, in Filmen auf die Darstellung kleiner Mädchen festgelegt zu sein. Deswegen wagte sie einen radikalen Imagewechsel. Eine erwachsene Frau wurde von ihr beispielsweise in dem Film „Rosita" (1923) dargestellt. Diesen Streifen drehte sie mit dem 1922 aus Deutschland nach Hollywood geholten Regisseur Ernst Lubitsch (1892–1947). Jener Film erwies sich aber finanziell nicht als Erfolg. Während der 1920-er Jahre war auch ihr jüngerer Bruder „Jack" Pickford ein bekannter Schauspieler. Von 1905 bis 1928 drehte er laut der Kinodatenbank „Internet Movie Database" 131 Filme.

Großes Aufsehen beim Kinopublikum erregten Szenen in dem Film „Sparrows" („Sperlinge Gottes" oder „Stiefkinder des Lebens", 1926). Darin sah man Mary Pickford und andere Waisen auf der abenteuerlichen Flucht aus einer Babyfarm in den Sümpfen von Florida. Die Kinder überquerten auf einem Baumstamm einen Sumpf, in dem sich gefährliche Alligatoren tummelten.

Hierfür hatte man zuerst Sequenzen mit den Alligatoren gedreht und später die Szenen mit Mary und den Kindern hineinmontiert. Der Regisseur Ernst Lubitsch bezeichnete diesen Film begeistert als das „Achte Weltwunder".

Für die Komödie „My Best Girl" (1927), ihren letzten Stummfilm, ließ sich Mary Pickford ihre goldfarbenen Locken abschneiden und einen Bubikopf-Haarschnitt verpassen, worüber viele Zeitungen berichteten. Vielleicht zitterte dem Friseur ein wenig die Hand, als er bei ihr die Schere ansetzte, vielleicht zuckte Mary unter dem Friseurumhang ein wenig zusammen, als sie den ersten Schnitt spürte. Mit dem damals modernen Flapper-Haarschnitt sah man Mary dann auf der Kino-leinwand. Doch das Publikum reagierte darauf nur halbherzig.

Die Tradition, vor dem Premierenkino „Grauman's Chinese Theatre" in Hollywood Abdrücke der Hände und Füße von Filmstars in feuchtem Zement zu hinterlassen, wird in der Literatur entweder Mary Pickford und Douglas Fairbanks senior oder Norma Talmadge zugeschrieben. Irgendeiner von ihnen soll zufällig in den frischgegossenen Zement vor dem Lichtspielhaus getreten sein. Daraufhin eilte Sid Grauman herbei, um zu helfen, bat aber, zu den Fußabdrücken noch den Namenszug hinzuzufügen. Daraus entwickelte sich ein beliebter Brauch. Wer auch immer als Erster versehentlich in den feuchten Zement

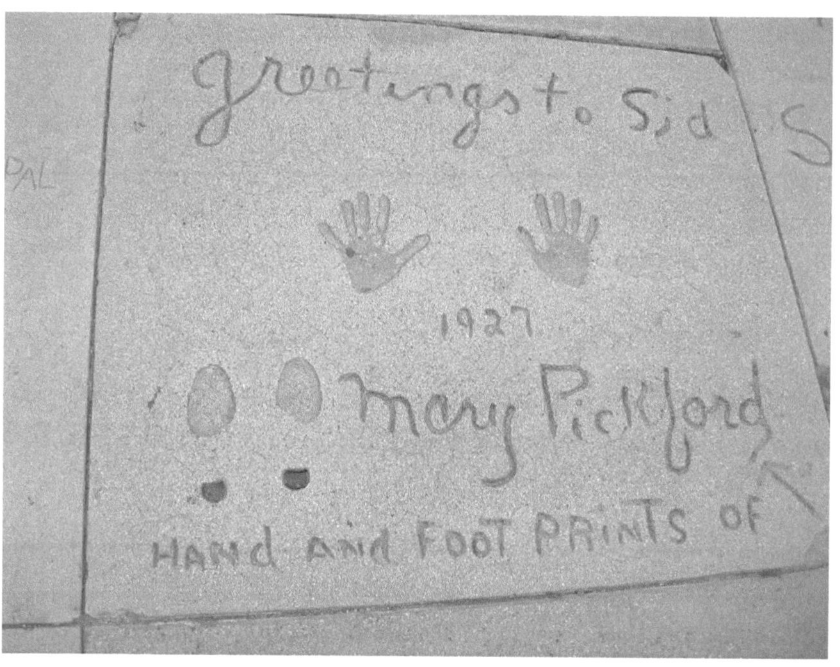

Hand- und Fußabdrücke von Mary Pickford (1892–1979)
vor dem Kino „Grauman's Chinese Theatre" in Hollywood

getreten ist, eines steht fest: Mary Pickford und Douglas Fairbanks senior haben am 30. April 1927 vor „Grauman's Chinese Theatre" ihre Hand- und Fußabdrücke verewigt.

Mary Pickford war am 4. Mai 1927 eines der 36 Gründungsmitglieder der „Academy of Motion Picture Arts and Sciences" („AMPAS"), unter denen sich viele Studio-Bosse und hohe Persönlichkeiten aus Hollywood befanden. Die „AMPASS" ist eine professionelle, ehrenamtlich arbeitende Organisation, die vor allem durch die Verleihung des „Academy Awards" (bekannt als „Oscar") ein Begriff ist. Die Akademie setzt sich für den Fortschritt in der Filmwirtschaft ein. Das geschieht durch die Unterstützung von Forschungen sowie durch eine Förderung des kulturellen, pädagogischen und technologischen Fortschritts.

Douglas Fairbanks senior und Mary Pickword waren beide große Bewunderer des russischen Revolutionsfilms „Panzerkreuzer Potemkin" (1925) unter der Regie von Sergei Eisenstein (1898–1948). 1927 reisten beide in die Sowjetunion und wurden dort – wie überall auf der Welt – als Stars gefeiert. Damals litt der junge sowjetische Film ökonomisch und künstlerisch unter dem Erfolg von Hollywood. Sergei Eisenstein beispielsweise sprach vom „süßen Kleinbürgergift der Mary-Pickford-Filme, die auf Ausbeutung und systematische Anstachelung der selbst bei unserem gesunden und fortschrittlichen Publikum noch vorhan-

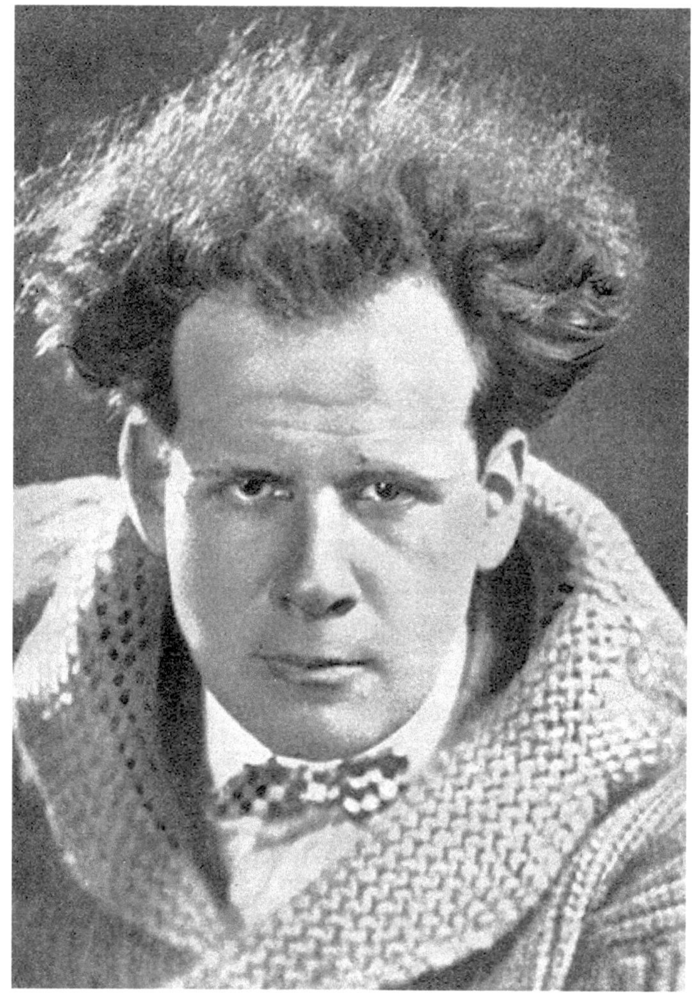

Regisseur Sergei Eisenstein (1898–1948)

denen kleinbürgerlichen Anlagen hin getrimmt sind". Bei dem Besuch von Fairbanks und Pickford drehte der sowjetische Regisseur Sergej Komarov (1891–1957) mit einem angeblichen Wochenschau-Team einige Szene mit den Beiden. In einer Szene gab Mary Pickford dem Komödienstar Igor Ilyinski einen Kuss. Diese schein-dokumentarische Szene verwendete Komarov für eine Filmsatire. Darin erhält ein junger, in der Liebe glück-loser Angestellter zufällig einen Kuss von Mary Pickford und wird so zum Gegenstand fanatischer weiblicher Bewunderung, die ihm ein Rendezvous mit seiner Angebeteten, aber keine Ruhe vor seinen Verfolgerinnen einbringt. Inhaltlich kritisiert die Satire „Der Kuss der Mary Pickford" die hysterische, „kleinbürgerliche" Vergötterung der kapitalistischen Leinwandstars, übernimmt jedoch überraschenderweise die Rasanz amerikanischer Slapstickkomödien und komibiniert diese mit der Qualität kollektiver sowjetischer Schau-spielkunst.

Marys Bruder „Jack" Pickford schaffte wegen seiner Alkoholsucht nicht den Sprung zum Tonfilm. 1928 verabschiedete er sich aus der Filmwelt. Er galt als Playboy und war dreimal verheiratet: von 1916 bis 1920 mit Olive Thomas (1894–1920), von 1922 bis 1927 mit Marilyn Miller (1898–1936) und von 1930 bis 1933 mit Mary Mulhern. Seltsamerweise war jede seiner drei Gattinnen Tänzerin gewesen und als „Ziegfeld-Girl" aufgetreten. Die Revue „The Ziegfeld Follies" war eine

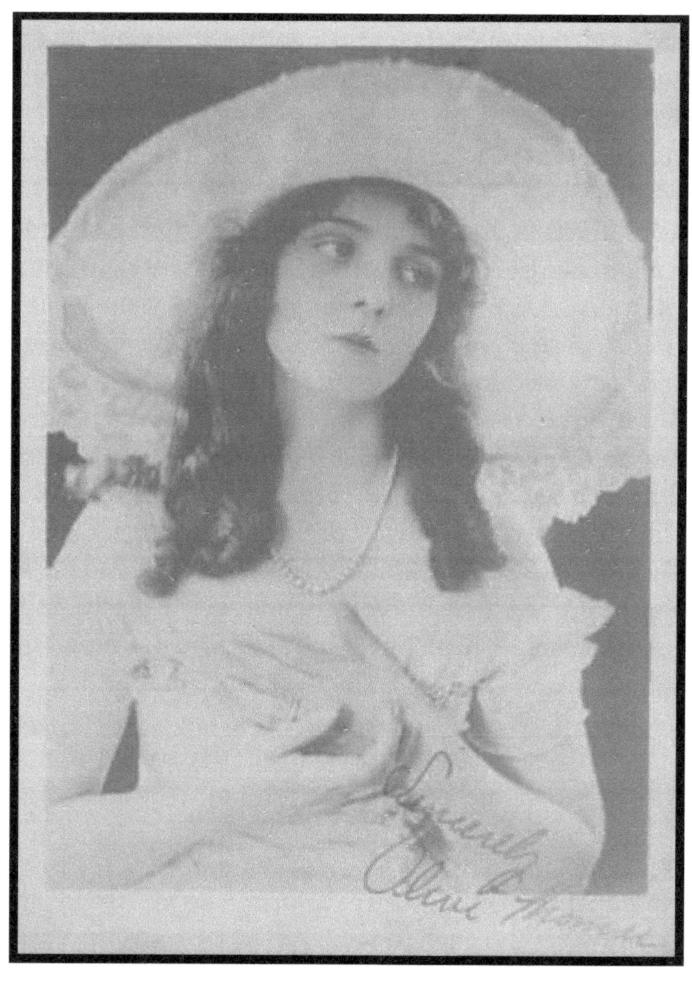

Olive Thomas (1894–1929)

Show, die spätabends im Dachgarten des „New Amsterdam Theatre" für ein ausgesuchtes Publikum meistens reicher Männer präsentiert wurde. Wie erwähnt, starb Olive Thomas bereits mit 25, nachdem sie versehentlich eine giftige Lösung getrunken hatte. Marilyn Miller wurde nur 37 Jahre alt. Sie erlag an Komplikationen nach einer Operation ihrer Nasenhöhlen.

Für ihren ersten Tonfilm „Coquette" (1929), in dem sie eine verführerische, junge Frau darstellte, erhielt Mary Pickford einen „Oscar" als beste Schauspielerin. Die Presse war darüber geteilter Meinung. Keinen Erfolg hatte ihr Film „The Taming of the Shrew" („Der widerspenstigen Zähmung", 1929). Wenig Zuspruch fand auch die Filmkomödie „Kiki" (1931), in der Mary einen französischen Vamp verkörperte. Eine ihrer letzten Filmrollen spielte Mary in „Secrets" (1933).

Zu den Freunden von Mary Pickford und Douglas Fairbanks senior gehörten Edsel Ford (1893–1943), der Sohn des Autobauers Henry Ford (1863–1947) und dessen Ehefrau Eleanor. Im „Edsel & Eleanor Ford House" in Grosse Pointe Shores (Michigan) befindet sich ein 1932 von Mary mit „Mary Pick-A-Ford" signiertes Foto.

Anfang 1933 trauerte Mary Pickford um ihren früh verstorbenen Bruder" Jack". Dieser war am 3. Januar 1933 im Alter von 36 Jahren im „American Hospital" in Neuilly einer fortschreitenden Neuritis der zentralen

Hirnnerven erlegen. Dort war 1920 seine Ehefrau Olive Thomas jung gestorben. Mary organisierte die Überführung des Leichnams von „Jack" zurück in die USA. „Jack" wurde im Familiengrab der Pickfords auf dem Friedhof „Forest Lawn Memorial Park Cemetery" in Glendale (Kalifornien) beigesetzt. An „Jack" Pickford erinnert heute ein Stern auf dem „Hollywood Walk of Fame".

Die zweite Ehe von Mary Pickford mit dem „Filmkavalier Nr. 1", Douglas Fairbanks senior, währte 15 Jahre. Am 10. Januar 1936 erfolgte offiziell die Scheidung.

1936 gründeten Mary Pickford und Jesse L. Lasky (1880–1958) die „Pickford-Lasky-Producing Company". Im selben Jahr fungierte Mary als Produzentin von „The Gay Desperado". 1937 hob die geschäftstüchtige Schauspielerin die „Mary Pickford Cosmetic Company" aus der Taufe.

Unerwartet früh erlag am 9. Dezember 1936 die jüngere Schwester „Lottie" von Mary Pickford im Alter von 43 Jahren in Los Angeles (Kalifornien) einem Herzinfarkt. Der vierte und letzte Ehemann von „Lottie" war John William Lock, den sie 1933 geheiratet hatte. Zuvor war „Lottie" von 1915 bis 1920 mit dem Broker Alfred Rupp aus New York, von 1922 bis 1928 mit dem Schauspieler Allan Forrest und von 1928 bis 1933 mit dem Bestattungsunternehmer O. Russel Gillard aus Los Angeles verheiratet gewesen. Aus ihrer ersten Ehe war 1915 die

Tochter Mary Pickford Rupp hervorgegangen, für die ihre Mutter das Sorgerecht erhielt. Über die Gründe hierfür ist nichts bekannt. Womöglich hatte „Lottie" wie andere Mitglieder der Familie Smith ein Alkoholproblem. Mary Pickford Rupp wurde später in Gwynne Rupp umbenannt. „Lottie" fand im Familiengrab der Pickfords auf dem Friedhof „Forest Lawn Cemetery" in Glendale ihre letzte Ruhe.

Nach Ansicht von Mary Pickford war „Lottie" seit dem Tod ihres vergötterten Bruders „Jack" im Jahre 1933 nicht mehr so unbekümmert wie früher gewesen. Es schien so, als sei mit „Jack" auch der bessere Teil von ihr gestorben.

Am 26. Juni 1937 wagte die 45 Jahre alte Mary Pickford ihre dritte Ehe mit dem zwölf Jahre jüngeren Schauspieler und Orchesterdirigenten Charles Edward „Buddy" Rogers (1904–1999). Mit ihm war sie ein Jahrzehnt zuvor in „My Best Girl" (1927) aufgetreten. Mary und der gut aussehende, schwarzgelockte „Buddy" gaben sich einen langen Filmkuss. Das „glücklichste Ehepaar von Hollywood" adoptierte 1943 einen Jungen namens Ronald („Ronnie") Charles und 1944 ein Mädchen namens Roxanne (1944–2007). Die Mutterrolle soll Mary allerdings nicht besonders gelegen haben.

1940 plante Mary Pickford einen biografischen Film über ihre Mutter Charlotte Smith. Mary selbst wollte ihre Mutter und Shirley Temple sollte Mary darstellen. Doch dieses Vorhaben wurde nicht verwirklicht.

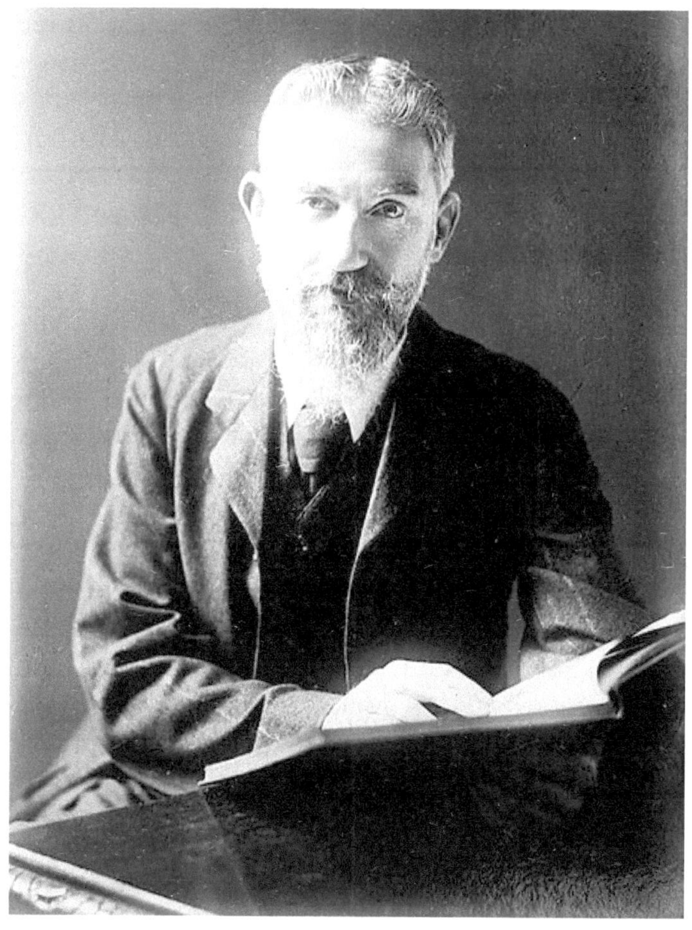

Dramatiker George Bernard Shaw (1856–1950)

1945 entstanden die „Pickford-Productions". Mitte März 1947 unterzeichnete die Filmproduzentin Mary Pickford mit dem geschäftlichen Vertreter des irisch-britischen Dramatikers George Bernard Shaw (1856–1950) einen Vertrag, der ihr die Verfilmung der Werke des Literatur-Nobelpreisträgers von 1925 ermöglichte. Mary erklärte, sie werde den 90-jährigen Shaw aufsuchen und ihm versichern, die Verfilmung seiner Werke bedeute keine Entstellung seiner Stücke. Sie hoffe, Shaw zu einem Besuch in Hollywood und zur Überwachung der Filmproduktion bewegen zu können.

Mitte Mai 1948 hieß es, Mary Pickford wolle die Geschichte ihrer Laufbahn und ihres Lebens verfilmen. Sie müsse hierfür jedoch eine Schauspielerin finden, die ihrer Vorstellung von sich selbst entspräche. Damals wurde auch bekannt, ihr Stiefsohn Douglas Fairbanks junior beabsichtige, einen Film über seinen Vater Douglas Fairbanks senior drehen.

Im September 1948 kam Mary Pickford zur Biennale in Venedig. Dort fotografierte die amerikanische Filmproduzentin eifrig. Allerdings nicht andere Filmstars, sondern bauliche Schönheiten in der italienischen Lagunenstadt.

Nach monatelangem Fasten für eine Rolle in „Circle of Fire" („Der Feuerkreis") verzichtete Mary Pickford im Herbst 1952 auf ihre Mitwirkung in diesem Film. Sie ließ den Vertrag annullieren, als sie erfuhr, der neue Film solle in Schwarzweiß statt in Farbe gedreht werden.

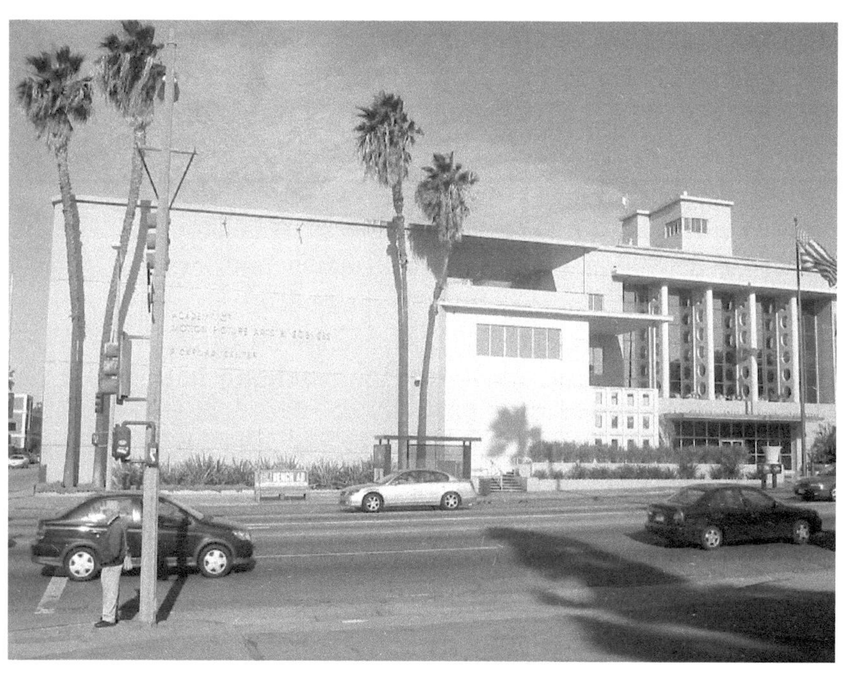

„Mary Pickford Center" in Hollywood (Kalifornien)

Nachdem sie 19 Jahre nicht aufgetreten sei, müsse ihr erster Film nach dieser langen Pause in Farbe herauskommen, erkärte sie.

1954 wurde Mary Pickford zum ersten Mal Großmutter. Damals kam die Tochter Jamie ihres Adoptivsohnes „Ronnie" zur Welt. 1955 folgte sein Sohn Tommy. Die Adoptivtochter Roxanne schenkte in den frühen 1960-er Jahren der Tochter Katina das Leben.

Ein harter Schlag sowohl in privater als auch in beruflicher Hinsicht war für Mary Pickford der Tod ihrer Mutter am 22. März 1955. Charlotte Smith starb im Alter von 55 Jahren in Los Angeles (Kalifornien) an Brustkrebs. Nach mehreren Operationen hatte sie zuletzt einen weiteren Eingriff verweigert.

In „Gaslight Follies" (1955) sah man Mary Pickford noch einmal auf der Kinoleinwand. 1957 verkauften Mary Pickford und Charlie Chaplin ihre letzten Anteile an „United Artists".

Mary Pickford schrieb auch mehrere Bücher. Von ihr stammen unter anderem „Pickfordisms for Success" (1922), „Why not try God" (1934), „My Rendezvous with Life" (1935) und die Memoiren „Sunshine and Shadow" („Sonnenschein und Schatten", 1955). 1975 erhielt sie einen Spezial-„Oscar". 1970 schenkte sie die Negative zu den meisten ihrer Stummfilme dem „American Film Institute".

Zwischen Mary Pickford und ihrer Adoptivtochter Roxanne gab es 1962 gewisse Spannungen. Damals wollte die 18-jährige Roxanne einen Mann heiraten, der ihren Adoptiveltern nicht behagte, und lief deswegen weg.

Am 19. März 1953 präsentierte Mary Pickford den amerikanischen Regisseur, Produzenten und Schauspieler Cecil B. DeMille (1881–1955) mit dem „Oscar" für den besten Film „The Greatest Show on Earth" (1952). Dies war das erste Mal, dass die „Oscar"-Verleihung im Fernsehen übertragen wurde und dass Mary im Fernsehen auftrat.

In Hollywood galt die Schauspielerin und Produzentin Mary Pickford auch als „Engel der Nächstenliebe", weil sie einen großen Teil ihres Vermögens für die Errichtung von Krankenhäusern, Altersheimen und Schulen spendete. In dem von ihr gegründeten „Motion Picture Country Home" durften bedürftige ehemalige Filmleute ihren Lebensabend ohne Not verbringen.

Am Dienstag, 28. Mai 1979, erlag Mary Pickford im Alter von 87 Jahren in Santa Monica (Kalifornien) den Folgen einer Hirnblutung. Man begrub sie im „Garten der Erinnerung" des Friedhofs „Forest Memorial Park" in Glendale (Kalifornien). Dort fand sie neben ihrer Mutter Charlotte sowie ihren Geschwistern „Lottie" und „Jack" ihre letzte Ruhe. Zehn Monate nach ihrem Tod wurde ihre Villa „Pickfair" für 5,362 Millionen US-Dollar verkauft. Später veräußerte die Schauspielerin Pia Zadora im Januar 1988 diese Villa für knapp sieben Millionen US-Dollar.

Mary Pickford gilt als einer der renommiertesten weiblichen Filmstars in der Zeit des Stummfilms. Nach Ansicht des Filmhistorikers Ethan Katz ist sie sogar der beliebteste Star der Filmgeschichte.

Unter den 50 größten weiblichen Hollywood-Superstars rangierte Mary Pickford 1999 auf Platz 24. Die Rangfolge sah so aus: 1. Katharine Hepburn, 2. Bette Davis, 3. Audrey Hepburn, 4. Ingrid Bergman, 5. Greta Garbo, 6. Marilyn Monroe, 7. Elizabeth Taylor, 8. Judy Garland, 9. Marlene Dietrich, 10. Joan Crawford, 11. Barbara Stanwyck, 12. Claudette Colbert, 13. Grace Kelly, 14. Ginger Rogers, 15. Mae West, 16. Vivien Leigh, 17. Lillian Gish, 18. Shirley Temple, 19. Rita Hayworth, 20. Lauren Bacall, 21. Sophia Loren, 22. Jean Harlow, 23. Carole Lombard, 24. Mary Pickford, 25. Ava Gardner.

1999 nahm man Mary Pickford in den „Canada's Walk of Fame" auf. Dabei handelt es sich um einen 1998 eröffneten Gehweg in Toronto (Kanada), der mit dem „Hollywood Walk of Fame" in Los Angeles (Kalifornien) vergleichbar ist. Er erstreckt sich von der „Roy Thomson Hall" zu beiden Seiten der King Street rund um das „Royal Alexandra Theatre" bis in die Simcoe Street. Anders als beim „Hollywood Walk of Fame" werden dort neben Schauspielern, Filmproduzenten und Musikern auch Sportler, Schriftsteller und Models bei den einmal pro Jahr stattfindenden Zeremonien geehrt.

2006 ehrte die kanadische Post in einer Briefmarkenserie vier kanadische Schauspieler, die in Hollywood eine Filmkarriere gemacht hatten. Dazu gehörten Mary Pickford, Fay Wray (1907–2004), Lorne Greene (1915–1987) und John Candy (1950–1994).

2007 veröffentlichte die Sängerin Katie Melua den Song „Mary Pickford", in dem auch die männlichen Schauspieler Douglas Fairbanks senior und Charlie Chaplin erwähnt sind.

Den Namen von Mary Pickford trägt ein Drink, der aus 3cl Rum, 3 cl Ananassaft, 1 cl Maraschino und 1 cl Grenadine gemixt wird. Dieser Cocktail wurde in Kuba während des goldenen Zeitalters der Cocktails kreiiert, als die Prohibitionsgesetze der USA in Kraft waren. Er erhielt den Namen Mary Pickford wegen der zahlreichen amerikanischen Touristen, wie wegen des Alkohols nach Kuba kamen.

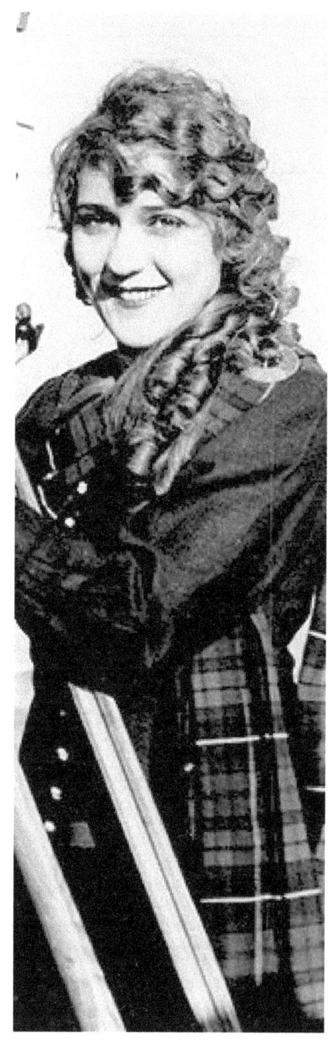

Mary Pickford

Filme von Mary Pickford

(Auswahl)

1955: Gaslight Follies
1933: Secrets
1931: Kiki
1930: Forever Yours
1929: Der Widerspenstigen Zähmung (The Taming
of the Shrew)
1929: Coquette
1927: Der Gaucho (The Gaucho), nicht im Abspann
erwähnt
1927: My Best Girl
1926: Sperlinge Gottes / Stiefkinder des Lebens
(Sparrows)
1926: Der schwarze Pirat / Der Seeräuber (The Black
Pirate), nicht im Abspann erwähnt
1925: Ben Hur (Ben-Hur: A Tale of the Christ), nicht
im Abspann erwähnt
1925: Die kleine Annemarie / Anne Marie / Kinder
der Großstadt (Little Annie Rooney)
1924: Der Ritt ums Leben (Dorothy Vernon of
Haddon Hall)
1923: Rosita

1922: Tess of the Storm Country
1921: Little Lord Fauntleroy
1921: Through the Back Door
1921: The Love Light
1920: Suds
1920: Pollyanna
1919: Heart o' the Hills
1919: The Hoodlum
1919: Daddy-Long-Legs
1919: Captain Kidd, Jr.
1918: One Hundred Percent American
1918: Johanna Enlists
1918: How Could You, Jean?
1918: M'Liss
1918: Amarilly of Clothes-Line Alley
1918: Stella Maris
1917: The Little Princess
1917: Rebecca of Sunnybrook Farm
1917: The Little American
1917: A Romance of the Redwoods
1917: The Poor Little Rich Girl
1917: The Pride of the Clan
1917: All-Star Production of Patriotic Episodes for
the Second Liberty Loan
1916: Less Than the Dust
1916: The Eternal Grind
1916: Hulda from Holland
1916: Poor Little Peppina

1916: The Foundling
1915: Madame Butterfly
1915: A Girl of Yesterday
1915: Esmeralda
1915: Rags
1915: Little Pal
1915: The Dawn of a Tomorrow
1915: Fanchon, the Cricket
1915: Love's Reflection
1915: Mistress Nell
1915: Broken Hearts
1915: The Foundling
1914: Cinderella
1914: Behind the Scenes
1914: Such a Little Queen
1914: The Eagle's Mate
1914: Tess of the Storm Country
1914: A Good Little Devil
1914: Hearts Adrift
1913: Caprice
1913: In the Bishop's Carriage
1913: Fate
1913: The Unwelcome Guest
1912: The New York Hat
1912: The Informer
1912: My Baby
1912: The One She Loved
1912: A Feud in the Kentucky Hills

1912: So Near, Yet So Far
1912: Friends
1912: A Pueblo Legend
1912: A Pueblo Romance
1912: With the Enemy's Help
1912: The Inner Circle
1912: A Child's Remorse
1912: The Narrow Road
1912: An Indian Summer
1912: The School Teacher and the Waif
1912: Lena and the Geese
1912: Home Folks
1912: A Beast at Bay
1912: A Lodging for the Night
1912: The Old Actor
1912: Won by a Fish
1912: Just Like a Woman
1912: The Female of the Species
1912: Fate's Interception
1912: Iola's Promise
1912: A Timely Reptentance
1912: A Siren of Impulse
1912: The Mender of Nets
1912: Honor Thy Father
1912: Grannie
1911: The Caddy's Dream
1911: The Portrait
1911: Little Red Riding Hood

1911: Love Heeds Not Showers
1911: The Courting of Mary
1911: From the Bottom of the Sea
1911: His Dress Shirt
1911: The Better Way
1911: The Sentinel Asleep
1911: Tween Two Loves
1911: By the House That Jack Built
1911: The Toss of a Coin
1911: The Call of the Song
1911: The Skating Bug
1911: At a Quarter of Two
1911: A Gasoline Engagement
1911: For the Queen's Honor
1911: In the Sultan's Garden
1911: Behind the Stockade
1911: Back to the Soil
1911: The Lighthouse Keeper
1911: The Master and the Man
1911: For Her Brother's Sake
1911: The Fair Dentist
1911: The Temptress
1911: Second Sight
1911: As a Boy Dreams
1911: The Stampede
1911: Sweet Memories
1911: In Old Madrid
1911: The Fisher-Maid

1911: Conscience
1911: The Message in the Bottle
1911: A Decree of Destiny
1911: A Manly Man
1911: Artful Kate
1911: Pictureland
1911: The Convert
1911: Her Darkest Hour
1911: The Mirror
1911: When the Cat's Away
1911: At the Duke's Command
1911. Three Sisters
1911: Maid or Man
1911: The Dream
1911: Their First Misunderstanding
1911: The Italian Barber
1911: When a Man Loves
1911: A Dog's Tale
1911: How Mary Fixed It
1911: Science
1911: The Daddy's Dream
1910: Little Nell's Tobacco
1910: White Roses
1910: A Child's Stratagem
1910: A Plain Song
1910: The Song of the Wildwood Flute
1910: Sunshine Sue
1910: Simple Charity

1910: Waiter No. 5
1910: A Lucky Toothache
1910: The Masher
1910: That Chink at Golden Gulch
1910: A Gold Necklace
1910: The Iconoclast
1910: Examination Day at School
1910: A Summer Tragedy
1910: Little Angels of Luck
1910: Muggsy Becomes a Hero
1910: Wilful Peggy
1910: The Sorrows of the Unfaithful
1910: When We Were in Our Teens
1910: The Usurer
1910: An Arcadian Maid
1910: The Call to Arms
1910: Serious Sixteen
1910: A Flash of Light
1910: What the Daisy Said, nicht im Abspann erwähnt
1910: Muggsy's First Sweetheart
1910: A Child's Impulse
1910: May and December
1910: Never Again
1910: The Face at the Window
1910: A Victim of Jealousy
1910: In the Season of Buds
1910: Ramona

1910: An Affair of Hearts
1910: Love Among the Roses
1910: The Unchanging Sea
1910: The Kid
1910: A Romance of the Western Hills
1910: A Rich Revenge
1910: As It Is in Life
1910: The Two Brothers
1910: His Last Dollar
1910: The Smoker
1910: The Twisted Trail
1910: The Thread of Destiny
1910: The Newlyweds
1910: The Englishman and the Girl
1910: The Woman from Mellon's
1910: The Call
1910: All on Account of the Milk
1909: To Save Her Soul
1909: The Test
1909: The Trick That Failed
1909: The Mountaineer's Honor
1909: A Midnight Adventure
1909: A Sweet Revenge
1909: The Restoration
1909: The Light That Came
1909: The Gibson Goddess
1909: What's Your Hurry?
1909: Lines of White on a Sullen Sea

1909: In the Watches of the Night
1909: His Lost Love
1909: The Little Teacher
1909: Pippa Passes / The Song of Conscience
1909: The Awakening
1909: Wanted, a Child
1909: In Old Kentucky
1909: The Broken Locket
1909: Getting Even
1909: The Children's Friend
1909: The Hessian Renegades
1909: The Little Darling
1909: The Sealed Room
1909: Oh, Uncle!
1909: The Seventh Day
1909: The Indian Runner's Romance
1909: His Wife's Visitor
1909: They Would Elope
1909: A Strange Meeting
1909: The Slave
1909: Sweet and Twenty
1909: The Renunciation
1909: Tender Hearts
1909: The Cardinal's Conspiracy
1909: The Country Doctor, nicht im Abspann erwähnt
1909: The Necklace
1909: The Way of Man

1909: The Mexican Sweethearts
1909: The Peachbasket Hat
1909: Her First Biscuits
1909: The Faded Lilies
1909: The Son's Return
1909: The Lonely Villa
1909: The Violin Maker of Cremona
1909: What Drink Did
1909: His Duty
1909: Two Memories
1909: The Drive for a Life
1909: The Deception
1909: The Fascinating Mrs. Francis
1909: Mrs. Jones Entertains
1909: The Heart of an Outlaw

Quelle: Internet Movie Database und Wikipedia

Literatur

FEMBIO Frauen-Biographie-Forschung
http://www.fembio.org
DER SPIEGEL: Register. Gestorben. Mary Pickford,
4. Juni 1979, Hamburg
HEINZLMEIER, Adolf / SCHULZ, Bernd /
WITTE: Karsten: Die Unsterblichen des Kinos:
Stummfilmzeit und die goldenen 30er Jahre, Frankfurt
am Main 1982
INTERNET MOVIE DATABASE
(Film-Datenbank)
http://www.imdb.com
PROBST, Ernst: Superfrauen 7 – Film und Theater,
Mainz-Kostheim 2001
PROBST, Ernst: Königinnen des Films, München 2012
PUBLIKUMSLIEBLINGE NICHT NUR VON
GESTERN http://www.steffi-line.de
Internetseite von Stephanie D'heil, Düsseldorf
SPIEGEL ONLINE http://www.spiegel.de
WIEGAND, Wilfried: Chaplins Konkurrentin. Zum
Tod der Filmschauspielerin Mary Pickford. Frankfurter
Allgemeine Zeitung, 31. Mai 1979, Frankfurt am
Main

WIKIPEDIA (Online-Lexikon)
http://wikipedia.org
WINNERT, Derek (Herausgeber): Mary Pickford. Aus:
Kino. Die große Welt der Filme und Stars, S. 141, Nie-
dernhausen 1995

Bildquellen

Klaus Benz, Fotograf, Mainz-Laubenheim: 56
Library of Congress, Prints and Photographs Division,
Washington (Foto um 1916): 6, 40
Library of Congress, Prints and Photographs Division,
Washington (Foto von Theodore C. Marceau (1859–
1922), Eigentümer des Marceau-Studios, um 1913): 1
Library of Congress, Prints and Photographs Division,
George Grantham Bain Collection, Washington
(Foto aus den frühen 1920-er Jahren): 20
(Foto vom 7. August 1911): 32
(Foto vor 1933): 14
Library of Congress, Prints and Photographs Division,
New York World Telegram and the Sun Newspaper
Photograph Collection, Washington (Foto von 1919):
16
Reproduktion eines Fotos eines unbekannten Fotografen
aus den frühen 1920-er Jahren (veröffentlicht in: Jerzy
Toeplitz: Historia Sztuki Filmowej, Warschau 1956): 26
Reproduktion eines Fotos des amerikanischen Film-
pioniers Edwin S. Porter (1870–1941): 10
Reproduktion eines Fotos von Charlotte Fairchild
(1876–1927), Private Collection von Dr. Gary Brucato
junior: 28

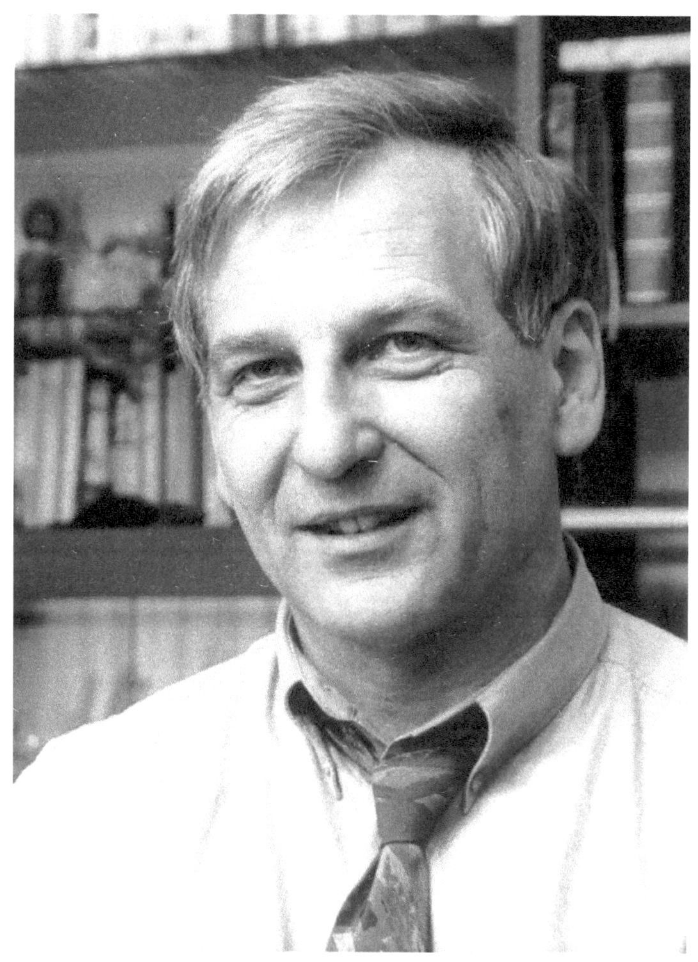

Autor Ernst Probst

Der Autor Ernst Probst

Ernst Probst, geboren am 20. Januar 1946 in Neunburg vorm Wald im bayerischen Regierungsbezirk Oberpfalz, ist Journalist und Wissenschaftsautor. Er arbeitete von 1968 bis 1971 als Redakteur bei den „Nürnberger Nachrichten", von 1971 bis 1973 in der Zentralredaktion des „Ring Nordbayerischer Tageszeitungen" in Bayreuth und von 1973 bis 2001 bei der „Allgemeinen Zeitung", Mainz. In seiner Freizeit schrieb er Artikel für die „Frankfurter Allgemeine Zeitung", „Süddeutsche Zeitung", „Die Welt", „Frankfurter Rundschau", „Neue Zürcher Zeitung", „Tages-Anzeiger", Zürich, „Salzburger Nachrichten", „Die Zeit", „Rheinischer Merkur", „Deutsches Allgemeines Sonntagsblatt", „bild der wissenschaft", „kosmos", „Deutsche Presse-Agentur" (dpa), „Associated Press" (AP) und den „Deutschen Forschungsdienst" (df). Aus seiner Feder stammen die Bücher „Deutschland in der Urzeit" (1986), „Deutschland in der Steinzeit" (1991) und „Deutschland in der Bronzezeit" (1996). Von 2001 bis 2006 betätigte sich Ernst Probst als Buchverleger sowie zeitweise als internationaler Fossilienhändler und Antiquitätenhändler. Insgesamt veröffentlichte er rund 200 Bücher, Taschenbücher, Broschüren und E-Books.

Bücher von Ernst Probst

(Auswahl)

Als Mainz noch nicht am Rhein lag

Annie Oakley
Die Meisterschützin des Wilden Westens

Archaeopteryx. Der Urvogel
aus Bayern

Christl-Marie Schultes. Die erste Fliegerin in Bayern
(zusammen mit Theo Lederer)

Cortés und Malinche. Der spanische Eroberer
und seine indianische Geliebte

Der Europäische Jaguar

Der Mosbacher Löwe
Die riesige Raubkatze aus Wiesbaden

Der Rhein-Elefant
Das Schreckenstier von Eppelsheim

Eiszeitliche Leoparden in Deutschland

Frauen im Weltall

Hildegard von Bingen. Die deutsche Prophetin

Höhlenlöwen. Raubkatzen
im Eiszeitalter

Julchen Blasius
Die Räuberbraut des Schinderhannes

Katharina II. die Große.
Die Deutsche auf dem Zarenthron

Johann Jakob Kaup
Der große Naturforscher aus Darmstadt

Königinnen der Lüfte in Deutschland

Königinnen der Lüfte in Europa

Königinnen der Lüfte in Amerika

Königinnen der Lüfte von A bis Z

Rund 70 Kurzbiografien berühmter Fliegerinnen,
Ballonfahrerinnen, Luftschifferinnen,
Fallschirmspringerinnen, Astronautinnen und
Kosmonautinnen

Königinnen des Films

Königinnen des Tanzes

Königinnen des Theaters

Malende Superfrauen

Meine Worte sind wie die Sterne

Die Entstehung der Rede des Häuptlings Seattle
(zusammen mit Sonja Probst)

Monstern auf der Spur
Wie die Sagen über Drachen, Riesen
und Einhörner entstanden

Neues vom Ur-Rhein
Interview mit dem Geologen und Paläontologen
Dr. Jens Sommer

Tony und Bruno Werntgen. Zwei Leben für die Luftfahrt
(zusammen mit Paul Wirtz)

Was ist ein Menhir?
Interview mit dem Mainzer Archäologen
Dr. Detert Zylmann

Weisheiten der Indianer

Wer ist der kleinste Dinosaurier?
Interviews mit dem Wissenschaftsautor Ernst Probst

Wer war der Stammvater der Insekten?
Interview mit dem Stuttgarter Biologen
und Paläontologen Dr. Günther Bechly

Zenobia von Palmyra.
Eine Frau kämpft gegen die Römer

Bestellungen bei: http://www.grin.com